김정은 국무위원장과 사랑

문경환

박명훈

목차

아내 사랑   5

어린이 사랑   35

수재민에 대한 헌신   63

아내 사랑

아내 사랑

 2012년 7월 25일 능라인민유원지 준공식에서 김정은 국무위원장의 아내로 처음 국내 언론에 등장한 리설주 여사는 시작부터 국내외에 '리설주 신드롬'을 불러일으킬 정도로 주목받았다. (2012년 7월 6일 김정은 국무위원장 옆에서 모란봉악단 시범 공연을 관람한 장면이 먼저 보도되었지만, 당시에는 북한 언론이 소개하지 않아 국내에서는 누구인지 확인할 수 없었다.)

 리설주 여사의 기품 있는 모습과 세련된 외모, 뛰어난 옷맵

시 감각까지 모든 요소가 사람들을 사로잡았다. 또한 발언도 호감을 불러일으켰는데 특히 남북정상회담 기간에 나온 여러 발언이 인기를 끌었다. 연합뉴스TV는 아예 '멘트장인 리설주 여사의 예쁜 말 대잔치 모음'이라는 제목으로 편집 영상까지 만들어 공개했다.

국내 언론 보도에 따르면 북한에도 리설주 여사의 머리 모양과 옷차림을 따라 하는 유행이 있다고 하며 중국에서도 리설주 여사의 중국 방문을 계기로 검색량이 폭증하는 일이 있었다고 한다.

2018년 남북정상회담에서 나온 리설주 여사 발언들

(4월 27일 판문점에서)

"한 일이 없는데 부끄럽습니다."

(9월 18일 김정숙 여사와 옥류아동병원을 방문한 자리에서)

"우리나라가 좀 보건·의료 부분이 많이 뒤떨어져 있습니다. 우리 병원에 온 기회에 한번 봐주십시오."

(9월 18일, 최현우 씨가 자기를 '요술사'라고 소개하자 농담으로)

"제가 없어지나요?"

(9월 19일 오후 옥류관, 오찬에서 평양냉면을 먹으며)

"(4월 판문점에선) 제 옆에 임종석 비서실장이 앉아서
너무 맛있다고 두 그릇 뚝딱했는데
오늘 못 와서 섭섭합니다."

(9월 20일 백두산 정상에서)

"백두산에 전설이 많습니다.
용이 살다가 올라갔다는 말도 있고,
하늘의 선녀가, 아흔아홉 명의 선녀가 물이 너무 맑아서
목욕하고 올라갔다는 전설도 있는데,
오늘은 또 두 분께서 오셔서 또 다른 전설이 생겼습니다."
"우리 옛말에 백두에서 해맞이하고,
한라에서 통일을 맞이한다는 말이 있습니다."

(9월 20일, 문재인 대통령이 전날 평양 시민들 앞에서 한 연설이 거론되자)

"연설 정말 감명 깊게 들었습니다."

그런데 리설주 여사가 이처럼 관심을 받는 이유는 이것만이 아니다. 김정은 국무위원장과 함께 있을 때 나타나는 다정한 모습이 평소 '북한' 하면 나돌았던 '흑색선전'을 완전히 깨버렸다는 점도 중요하게 작용한다.

김정은 국무위원장의 아내임이 처음 밝혀졌던 2012년 7월 25일 능라인민유원지 준공식 사진을 보자.

수많은 인파 속에서 김정은 국무위원장의 팔에 살짝 팔짱을 끼고 함께 걷는 모습이 인상적이다.

또 다른 사진에서는 뒤에 여러 수행원이 보는 앞에서 김정은 국무위원장과 팔짱을 끼고 걸으며 무언가 다정하게 이야기하는 모습도 있다.

이처럼 많은 사람 속에서도 부부가 친근하고 다정한 모습을 거리낌없이 보이는 것이 그간 한국에서 떠돌던 북한에 대한 소문들과 너무 달라서 사람들에게 놀라움을 주는 것이다.

그 뒤로도 김정은 국무위원장과 리설주 여사가 함께 있는

사진은 계속 보도되었는데 한결같이 화목하고 다정한 부부의 모습을 볼 수 있다.

그런데 이 사진들을 보면 리설주 여사의 표정과 자세에도 눈길이 가지만 김정은 국무위원장의 표정, 자세도 상당히 주목된다.

아내와 달리 남편은 사람들 앞에서 다정한 표정이나 사랑스러운 눈빛을 쉽게 드러내지 않는 게 일반적인 부부의 모습이다. 아예 표정이 굳고 무뚝뚝해지는 경우도 흔하다. 이는 남북을 가리시 않는다. 디른 나라에도 이런 경향은 있다.

그런데 김정은 국무위원장은 종종 리설주 여사와 마주 보고 밝게 웃으며 이야기한다. 심지어 리설주 여사 쪽으로 기대앉은 장면도 있다.

2022년 2월 1일 김정은 국무위원장과 리설주 여사가 평양 만수대예술극장에서 설 명절 경축공연을 관람하는 모습도 화제가 됐다. 공연을 보는 도중 서로 속삭이며 대화를 나누고

마주 보며 웃는 장면이 여러 차례 등장한 것이다. 특히 공연이 끝난 뒤 참가자들과 인사를 나누는데 김정은 국무위원장이 리설주 여사에게 먼저 가서 인사를 하도록 양보하는 이례적인 모습도 나타나 눈길을 끌었다. 예술단 출신인 리설주 여사에게 옛 동료들과 얼른 만나라고 배려를 한 것으로 보인다.

2019년 백두산 등정을 했을 때 김정은 국무위원장이 개울 중간에 앉아있고 리설주 여사가 김정은 국무위원장의 어깨에 손을 짚은 채 눈이 소복이 쌓인 개울을 건너는 모습도 있다. 마치 영화의 한 장면이나 화보를 연상케 한다. 부부 사이에 스스럼없고 서로 믿고 의지하고 있음을 보여준다. 리설주 여사에 대한 김정은 국무위원장의 깊은 사랑이 사진 밖으로도 뿜어 나오는 듯하다.

2018년 9월 남북 정상이 백두산에 올랐을 때의 영상을 보자. 백두산 천지를 감개무량한 표정으로 바라보는 문재인 대통령에게 리설주 여사가 백두산 전설 이야기를 시작하자 중

간에 있던 김정은 국무위원장이 자리를 비키는 모습이 나온다. 문재인 대통령과 리설주 여사가 편하게 이야기를 나눌 수 있게 세심하게 배려한 것이다. 불친절한 남편 같으면 자신을 사이에 두고 양옆에서 이야기를 나눈다고 못마땅하게 여길 수도 있고, 봉건적인 남편이라면 남자끼리 이야기하는 자리에 왜 아내가 끼어드느냐고 싫은 티를 낼 수도 있겠지만 전혀 그렇지 않았다.

2018년 4월 27일 판문점 정상회담에서 있었던 일이다. 회담을 마치고 만찬을 하기 위해 대기하는 중에 리설주 여사가 판문점에 도착했다. 한국 언론이 처음으로 리설주 여사를 카메라에 담는 순간이었다. 남북 정상 부부가 인사를 나누는데 리설주 여사가 "아침에 남편께서 회담 갔다 오셔서 문재인 대통령님과 함께 진실하고 좋은 이야기도 많이 나누고 회담도 잘 됐다고 하셔서 정말 기뻤습니다"라고 하였다. 아마 남북정상회담 때 판문점 인근에서 대기하고 있다가 김정은 국무위

원장과 점심을 함께 먹은 것으로 보인다. 회담 이야기는 그때 김정은 국무위원장이 리설주 여사에게 했을 것이다.

주변을 보면 부부 사이에 서로의 이야기를 시시콜콜 말하지 않는 경우가 흔하다. 특히 남편이 아내에게 이야기를 잘 하지 않는다. 사적인 이야기가 아닌 '업무'와 관련된 공적인 이야기는 더욱 그렇다. 오죽하면 이런 게 부부싸움의 흔한 소재가 되겠는가.

그런데 김정은 국무위원장은 남북정상회담의 분위기나 거기서 나눈 이야기들을 리설주 여사에게 친절하게 설명해 준 듯하다. 북한 입장에서는 김정은 국무위원장이 첫 남북정상회담을 막 끝낸 상황이었기에 참모진과 긴밀한 회의를 했을 것으로 보인다. 즉, 김정은 국무위원장이 리설주 여사와 함께 이야기를 나눌 수 있는 시간은 길지 않았을 것이다. 그런데도 친절하게 설명해준 것이다. 평소에도 김정은 국무위원장과 리설주 여사가 많은 대화를 나눈다는 것을 엿볼 수 있다.

김정은 국무위원장의 자제 이름 '주애'에도 아내 사랑이 들어가 있다는 분석이 있다. '주애'의 뜻이 '리설주 사랑'의 의미라는 것이다.

이처럼 한국에서도 보기 쉽지 않은 다정한 부부의 모습을 김정은 국무위원장과 리설주 여사를 통해 보는 것은 참으로 진귀한 경험이다. 특히 남편인 김정은 국무위원장이 아내 사랑을 거침없이 드러내는 모습은 상당히 인상적인데 어찌 보면 이것도 김정은 국무위원장 가문의 전통이지 않을까 싶다.

북한 문헌을 보면 김일성 주석과 아내이 김정숙 여사는 부부 사이가 매우 다정했다고 한다.

북한에서 유명한 사진 '타향에서 봄을 맞으면서'를 보자. 1941년 3월 1일 소련에서 찍은 이 사진은 1940년대라는 시대 배경을 염두에 두고 봤을 때 상당히 파격적이다. 그때는 부부가 함께 사진을 찍는 일도 흔치 않았지만 이처럼 자연스럽게 웃으며 찍은 사진은 더욱 찾아보기 힘들다. 더군다나 남편이

아내쪽으로 다정하게 몸을 굽혀 자세를 취한다는 것은 조선왕조의 봉건적 분위기가 남아있던 그 시대에 절대 가능하지 않았을 모습이다. 당시 일반적인 부부 사진들을 보면 대부분 굳은 표정을 하고 있다. 남들 앞에서 부부 사이의 애정을 드러내지 않는 시대였다. 이런 점을 감안하고 보면 김일성 주석은 평소에도 아내에 대한 사랑이 깊고 다정하며 자신의 감정을 잘 표현하였고 남녀평등 사상과 부부간에 서로를 존중해야 한다는 마음을 가지고 있지 않았을까 싶다.

해방 직후 평양에서 찍은 가족사진도 인상적이다. 김일성 주석이 어린 김정일 국방위원장을 안은 채 환하게 웃으며 앉아있고 그 옆에 김정숙 여사가 서서 오른손으로 김일성 주석의 목을 다정하게 감싸고 있는 사진이다. 그 시절엔 가정에서 아버지의 권위를 매우 중시하던 때라 항상 근엄한 표정을 하고 있으며 아이를 안아준다거나 하는 애정 표현도 잘 하지 않았다. 이런 점을 감안하면 김일성 주석은 가정에서 권위를 앞

세우기보다 사랑을 많이 표현하지 않았을까 싶다.

북한 문헌을 보면 김일성 주석이 남녀의 사랑을 중요하게 여긴 사례가 많다. 국내 언론에 소개된 사연을 하나 살펴보자. 김일성 주석의 적극적인 노력으로 결혼에 성공한 이민 여사 사연이다.

헤이룽장성의 조선족 사이에서 정신적 지주로 불리는 항일운동가 출신 이민 여사는 항일무장투쟁 과정에서 중국인 진뢰와 결혼하려고 했다. 그러자 조선인 간부들이 반대하고 나섰다. 조선인은 조선인끼리 결혼해야 한다는 것이었다. 이민 여사의 소학교 시절 교장이던 최용건도 이민을 불러 크게 꾸중하면서 말렸다고 한다.

결국 이민과 진뢰는 훗날을 기약하며 헤어졌다. 이때가 1943년으로 항일부대가 소련 기지에서 국제연합군을 결성해 훈련하던 때다. 이민 여사와 함께 생활하던 김정숙 여사가 이 사연을 듣고 김일성 주석에게 전했고 국제연합군 1대대 대대

장이던 김일성 주석이 간부회의에서 "동지 간의 진정한 사랑은 혁명 열기를 더욱 높일 수 있으며, 중국인과 결혼하는 것이 조·중 우호에도 도움이 된다", "서로 좋아하는 남녀가 혼인한다는데 출신이 무슨 중요한 문제인가"라고 적극적으로 주장해 부대 내 결혼이 허락되었다고 한다.

1943년 섣달그믐날 이민과 진뢰는 다른 두 쌍과 함께 합동결혼식을 올렸다. 김일성 주석은 축사를 통해 어려운 투쟁 속에서 맺은 사랑은 길고 영원해야 한다면서 사랑이 깊을수록 투쟁을 더 잘해야 한다고 격려했다고 한다.

북한은 가정을 매우 중요하게 여긴다. 북한 언론에 따르면 김일성 주석은 기회가 있을 때마다 '가화만사성'을 강조했다고 한다. 가정이 화목하면 만 가지 일이 잘된다는 뜻이다. 김정일 국방위원장도 "가정은 사회의 세포이며 당과 수령을 중심으로 하는 온 사회의 단결은 가정의 화목으로부터 시작됩니다"라는 이야기를 했다고 한다. 김정일 국방위원장은

1995년 「사랑하시라」라는 노래를 널리 전파하라고 지시하였는데 이 노래는 남편에게 아내를 사랑하라고 하는 가사를 담고 있다. 북한은 "가정생활이 건전하고 행복할수록 사회생활 전반이 더욱 명랑하고 활기 있게 진행될 수 있다. 참으로 가정의 화목은 우리 사회의 일심단결과 조국 번영의 중요한 기초로 된다"라고 강조한다.

가정의 화목에서 가장 중요한 것은 부부의 화목이다. 부부가 화목해야 자식들도 가정의 화목에 함께할 수 있다. 그런 의미에서 김정은 국무위원장과 리설주 여사의 화목한 모습은 북한 가정들에 상당한 울림이 되고 있을 것으로 보인다.

자료 출처

「북한, 김정은 제1비서 부인 '리설주' 전격 공개」, 오마이뉴스, 2012.7.26.

연합뉴스TV, 「[뉴스토리] 리설주 "두 분 오셔서 전설 많은 백두산에 새 전설"」, 유튜브 영상, 2018.9.21. https://youtu.be/XYuvrwQrNZg,

2023.10.5. 최종 확인.

「김정은 위원장, 부부동반 설 명절 경축공연 관람…146일만」, 통일뉴스, 2022.2.2.

「백두산에서 다정한 부부의 모습 보인 김정은 위원장과 리설주 여사」, 경향신문, 2019.12.4.

「[판문점선언][종합]리설주 "남편께서 회담 잘됐다고 해"…김정숙 "가슴 떨려"」, 뉴시스, 2018.4.27.

이원섭, 「항일무장투쟁시기의 김일성 빨치산부대」, 『신동아』 2000년 3월호.

「생활의 고귀힌 진리 - '가화민사성'」, 노동신문, 2015.12.29.

어린이 사랑

어린이 사랑

북한은 어린이를 중요시하는 정책을 펼친다고 한다. 이는 어린이와 관련한 김정은 국무위원장의 발언을 살펴봐도 알 수 있다.

"아이들의 웃음소리가 높아야 온 나라가 밝아집니다."
"조국을 떠메고 나갈 우리 아이들을 위해서는
아까울 것이 하나도 없습니다."
"우리 아이들과 인민들을 세상에 부럼 하나 없이
잘살게 하는 것이 우리 당의 투쟁 목표입니다."

"수천 수만금을 들여서라도 보다 개선된 양육조건을
지어주는 것은 최중대 정책이고 최고의 숙원입니다."
"어려서부터 좋은 환경에서 무럭무럭 자라나면 앞으로 20년,
30년 후에는 우리 사회에 더욱더 약동하는 생기와 활력이
넘치게 되고 국력이 강화되게 될 것입니다."

위와 같은 김정은 국무위원장의 '어린이 사랑'은 국가적 실천으로 이어지는 것 같다. 김정은 국무위원장이 어린이들의 처우를 개선하려 많은 노력을 하고 있기 때문이다.

이와 관련해 흥미로운 일화가 여럿 있다.

먼저 김정은 국무위원장이 최고지도자가 되고 얼마 지나지 않은 2012년 6월에 있었던 일이다.

북한은 어린이 대표 2만 명을 평양으로 초청해 조선소년단 창립 66주년 행사를 열었다. 그런데 초청받지 않은 한 어린이가 행사장에 찾아왔다. 수백 리 떨어진 평안북도에서 집을 나선 김평산 어린이였다. 이 보고를 받은 김정은 국무위원장은

그 어린이도 참가시키도록 '특별조치'를 내렸고 그래서 행사에 참석한 소년단원은 '2만 1명'이 됐다고 한다.

다른 사례도 있다. 어느 날 김정은 국무위원장은 소년단 어린이들이 하는 축구 경기를 관람하고 어린이들과 함께 단체사진을 찍었다. 그런데 떠나려던 김정은 국무위원장이 발걸음을 멈췄다. 경기를 보조하던 공잡이 어린이가 김정은 국무위원장에게 다가와 "저와도 사진을 찍어주세요"라고 요청했기 때문이다. 김정은 국무위원장은 학생의 제안에 흔쾌히 응했고 주위에 있던 다른 공잡이 어린이들까지 불러서 같이 사진을 찍었다. 공잡이 소년은 김정은 국무위원장의 팔을 꼭 잡고 감동한 듯 내내 울고 있었다.

2012년 7월 김정은 국무위원장이 경상유치원을 현지지도할 때다. 보도에 따르면 7살 엄진청 어린이가 의사 가운을 입고 진찰 놀이를 하고 있었다. 이 모습을 본 김정은 국무위원장은 엄진청 어린이에게 먼저 다가가 "어디가 아픈지 나도 한

번 진찰해주렴"이라고 청했다.

 2015년 2월 11일 김정은 국무위원장은 원산시 육아원, 애육원, 초등학원, 중등학원 건설현장을 현지지도했다. 이 자리에서 김정은 국무위원장은 "인민군대의 건설역량을 더 투입하여 당 창건 70돌이 되는 뜻깊은 올해에 육아원·애육원 건설은 태양절까지, 초등학원·중등학원 건설은 전승절까지 끝내야 한다"라며 "천년을 책임지고 만년을 보증할 수 있게 최상의 질적 수준에서 건설"할 것을 요구했다.

 국내 언론에도 공개된 육아원, 애육원의 사진을 보면 싱글벙글 함박웃음을 짓는 어린이들의 표정이 한눈에 들어온다. 사진을 들여다보면 우리에게 잘 알려진 디즈니 만화 속 주인공의 그림부터, 북한 고유의 만화영화 「령리한 너구리」의 주인공 그림 등 어린이들이 즐길 거리도 한가득이다.

 그런데 알고 보면 육아원, 애육원 어린이들은 모두 부모가 없는 아이들이다. 북한에서 육아원은 유치원에 들어가기 전

인 부모 없는 아이들을, 애육원은 유치원에 다닐 나이가 된 부모 없는 아이들을 돌보는 곳이다. 특히 애육원은 말 그대로 아이들을 사랑으로 키우는 곳이란 뜻이 담겨 있다.

 어느 날 현지지도를 가던 김정은 국무위원장이 원산애육원 앞에서 갑자기 차를 세웠다. 어린이들이 흥겹게 부르는 노랫소리가 들려온 것이다. 김정은 국무위원장은 어린이들의 공부를 방해하지 않으려 운동장에서 노랫소리를 듣다가 다른 곳으로 떠났다고 한다.

 북한에서는 김정은 국무위원장이 육아원과 애육원을 찾는 사진과 일화를 자주 공개한다. 그것은 자기 지도자가 어린이들을 위한 정책을 편다는 자부심이 북한 국민들 속에 있다는 것의 방증으로 보인다.

 북한을 찾은 해외 인사들도 육아원과 애육원을 직접 둘러보고 그 성과를 인정했다. 북한 주재 각국 외교관들은 2021년 9월 1~2일 평양육아원, 애육원을 돌아본 소감을 다음과 같이

전했다.

"참관을 통하여
김정은 동지께서 어린이들에게 돌려주시는
뜨거운 사랑에 대하여 잘 알게 되었다."
-북한 주재 쿠바 대사 헤수스 델 로스 앙헬레스 아이세 소톨롱고

"어린이들의 생활에 필요한 모든 조건이
훌륭히 갖추어진 애육원을 돌아보면서
진심으로 감탄하게 된다.
조선(북한) 지도부와 조선노동당은
어린이들을 위해서는 그 무엇도 아끼지 않고 있다."
-북한 주재 러시아 대사 알렉산드르 마체고라

"부모 없는 아이들에 대한 뜨거운 사랑을 잘 알 수 있었다.
김정은 총비서 동지의 손길 아래 평양육아원과 애육원의
어린이들이 행복하게 자라나기를 바란다."
-북한 주재 중국대사관 참사 최명봉

국내 언론은 노동신문을 인용해 김정은 국무위원장의 이러

한 행보를 '후대사랑·미래사랑'의 행보라고 전했다. 이와 관련해 김정은 국무위원장은 다음과 같은 말을 남겼다.

"당에서 오늘날 모든 것이 10년, 20년 전보다 풍족해서
후대들을 위한 사업을 그토록 중시하고
학생소년궁전과 학생소년회관, 소년단야영소,
학생가방공장 건설과 개건사업, 교과서와 학습장 생산문제,
교육 조건과 환경을 일신하기 위한 사업 등을
선차적 문제로 틀어쥐고 밀고 나가는 것이 아닙니다."

"새 세대들을 어떻게 키우는가 하는 것이
우리 혁명의 장래 운명을 결정짓는
매우 중대한 문제로 되기 때문에
우리 당은 아무리 어려워도 우리 아이들을 위한 일이라면
할 수 있는 것을 다 하고 무엇을 하나 해도
최상의 수준에서 해주자는 것입니다."

김정은 국무위원장은 어린이들 공부에 도움이 되는 물품

생산도 직접 지도했다. 뿐만 아니라 연필과 학습장, 책가방에 각각 '두루미', '민들레', '소나무'라는 상표 이름을 직접 지었다. 특히 민들레 학습장은 연간 1억 5천만 권이나 생산돼 북한 전역 곳곳에 전달됐다고 한다. 김정은 국무위원장은 "학습장을 받아들고 기뻐할 아이들을 생각하면 춤이라도 추고 싶은 심정"이라며 기뻐했다.

김정은 국무위원장은 2021년 6월 당 중앙위원회 제8기 제3차 전원회의에서 "조국의 미래인 어린이들을 튼튼하게 잘 키우는 것보다 더 중차대한 혁명사업은 없다. 어린이들의 성장발육에서 탁아소·유치원 시기가 제일 중요한 연령기"라고 했다. 이에 따라 전국의 축산전문협동농장과 목장들이 염소와 젖소 마릿수를 늘리고 어린이들에게 유제품을 비롯한 영양식품을 본격적으로 공급하기 시작했다.

김정은 국무위원장이 어린이들에게 얼마나 관심을 기울이는지는 방송을 통해서도 알 수 있다.

2022년 들어 북한 방송은 매일 오후 5시부터 약 1시간 정도를 '아동방송시간'으로 편성했다. 이 시간대에는 만화영화나 학습 의욕을 높이고 흥미를 끄는 맞춤형 시사교양 등 오직 어린이들을 위한 다양한 방송이 이어진다. 황금 시간대인 저녁 8시 뉴스에서는 최신식으로 새롭게 꾸려진 전국 각지의 야영소에서 즐겁게 활동하는 소년단원들의 모습을 비중 있게 소개하기도 한다.

이와 관련해 북한 방송은 "자라나는 새 세대들을 앞날의 조국을 떠받치는 믿음직한 역군으로, 세상에 부러움을 모르는 행복동이들로 키우려는 우리 당의 뜨거운 후대사랑"이라고 전했다.

어린이를 앞에 둔 김정은 국무위원장의 친근한 농담도 눈길을 끈다.

2012년 9월 김정은 국무위원장은 평양의 한 가정집을 방문했다. "축구를 좋아하느냐"라는 물음에 이 집 맏아들인 소학

생(초등학생) 박 군이 "예"라고 답하자 김정은 국무위원장은 "축구를 잘해? 나하고 한번 축구를 해볼까?"라며 농담을 건넸다. 순간 말문이 막힌 박 군에게 김정은 국무위원장은 '훌륭한 축구선수가 되라'며 격려했다.

노동신문은 김정은 국무위원장이 '아버지 원수님(김정은 국무위원장)'이 나오는 TV 프로그램을 봤다는 한 아이에게 "재미없었겠구나!"라면서 농담을 건넨 일화를 소개했다.

북한의 어린이 정책이 김정은 국무위원장 시기 들어 갑자기 생겨난 것은 아니다. 모두 선대인 김일성 주석, 김정일 국방위원장 시기를 이어온 것이다.

김일성 주석이 주재한 1946년 2월 20일 북조선임시인민위원회 첫 회의에서는 어린이들의 '연필 생산 문제'를 토의하고 정부청사 건설에 앞서 어린이들을 위한 탁아소 설립을 가장 먼저 결정했다.

그 결과 1946년 6월 1일 자강도 강계시에는 필기연필, 색연

필 등 수십 종이 넘는 필기도구를 생산하는 강계연필공장이 설립됐다.

수십여 년 뒤인 1984년 4월, 북한은 김일성 주석의 탄생 72주년 '태양절'을 맞아 인민학교(당시) 어린이들에게 가장 먼저 자체 생산한 수지연필을 보급했다. 수지연필이란 샤프펜슬을 뜻한다.

김일성 주석은 "해방된 조선에는 이제 임금은 없다"라면서 "'나라의 왕'은 바로 어린이들"이라고 강조했다.

북한의 어린이 중시 정책을 상징하는 표현이 바로 '왕차'다. 김정일 국방위원장은 나라의 왕인 어린이들을 위한다는 취지에서 어린이용 두유 배달차를 '왕차'라고 불렀다. 김정일 국방위원장은 어린이들의 건강과 발육을 챙겨야 한다며 각 지역에 어린이용 두유 배달을 지시했다.

북한에서 왕차는 화물통행 제한구간에 상관없이 달릴 수 있고 어떤 차량보다도 우선 통행을 보장받는다. 어린이들에

게 언제 어느 때나 신선한 두유가 전달돼야 하기 때문이다. 김정일 국방위원장이 탄 차량도 예외 없이 왕차에 통행우선권을 양보했다고 한다.

이렇듯 북한에서는 꾸준히 어린이를 위한 정책을 펼쳐왔다. 어린이와 관련한 김정은 국무위원장의 행보를 앞으로도 주목해보자.

자료 출처

「2만 1번째 소년단 대표가 된 '김평산'은 어떻게 살고 있을까?」, 자주시보, 2021.9.2.

한국대학생진보연합 3기 김정은 국무위원장 연구모임, 「김정은 국무위원장과 아이들의 웃음소리」, 유튜브 영상, 2021.10.10. https://youtu.be/YJD_5TtDK0o, 2023.10.22. 최종 확인.

「김정은, 원산시 고아원 건설현장 시찰」, 통일부 북한정보포털, 2015.2.11.

「평양육아원·애육원을 둘러보고 각국 외교관이 한 말」, 자주시보, 2021.9.3.

「김정은 위원장 "아이들을 위한 일이면 무엇이든 최상의 수준에서"」,

자주시보, 2019.6.1.

「"어린이와 허물없는 김정은"…북한의 '어린이 사랑' 선전전」, 뉴스1, 2021.11.2.

「북한이 어린이 관련 프로그램을 늘린 이유」, MBC, 2022.9.23.

「"나랑 축구 한판?"…북한 김정은의 '농담정치'」, 연합뉴스, 2015.3.22.

「北 '국제아동절 70돌'…"아이들 웃음소리 높아야 온 나라가 밝아진다"」, 통일뉴스, 2020.6.1.

국가지식포럼 북한지역정보넷 '강계연필공장' 항목, http://www.cybernk.net/, 2023.10.22. 최종 확인.

「평양서 최고 인기 학용품은 수지연필」, 중앙일보, 2015.4.28.

「어린이는 나라의 왕」, 민플러스, 2020.10.23.

「"콩우유 배달 '왕차' 김정일위원장도 양보"」, 한겨레, 2007.10.2.

「북한, 조선소년단 제9차대회 앞두고 김정은 '후대사랑' 선전(종합)」, SPN 서울평양뉴스, 2022.12.22.

수재민에 대한 헌신

수재민에 대한 헌신

 수해는 무척 무서운 재난이다. 집이나 가구, 농작물 같은 온갖 재산은 물론이고 사람 생명까지도 앗아간다. 불난 곳에서는 건질 것이 있어도 물난리난 곳에서는 아무 것도 건질 것이 없다는 말이 있을 정도다. 북한에서도 수해가 나곤 한다. 수해가 날 때마다 북한은 수재민을 위해 온갖 노고와 재물을 아끼지 않는 듯한 모습을 보였다. 그러다 보니 북한에서는 수재민을 부러워하는 사람이 나왔다고 한다.

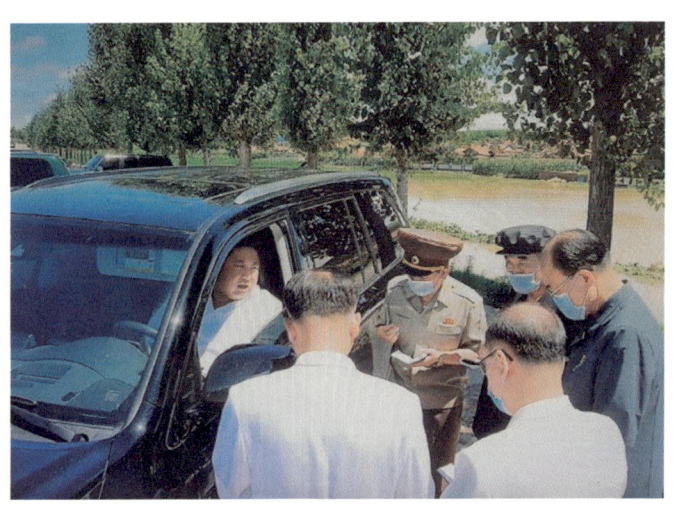

2020년 8월 6일 황해북도 은파군 대청리에 수해가 났다. 이날 새벽, 김정은 국무위원장은 은파군 간부에게 직접 전화를 걸었다.

"대피한 주민들이 다 어떻게 하고 있는지 걱정됩니다."

집이며 가구며 농작물까지 온갖 가산이 갑자기 물에 쓸려나가게 되었으니 수재민들이 얼마나 절망적이며 상심이 클까? 김정은 국무위원장은 수재민의 마음을 짐작한 듯 그들을 잘 다독여주라고 신신당부했다.

"살림집도 새로 지어주고 피해복구와 관련한 대책을 세워주겠으니 대청리 주민들이 신심을 가지고 안정된 생활을 하도록 하여야 합니다. 내가 신심을 잃지 말고 안착되어 생활하라고 하였다는 것을 피해 지역 인민들에게 꼭 전달해주어야 하겠습니다."

난장판이 된 마을을 보며 발만 동동 구르던 주민들은 그 소식을 듣고 한참 동안 눈물을 흘리며 고마워했다고 한다.

김정은 국무위원장은 그날로 노동당 중앙 간부를 파견해 실태를 파악하고 대책을 세우게끔 했다. 그러나, 그것으로도 마음이 놓이지 않았는지 다음날 직접 차를 몰고 대청리를 찾아갔다.

　대청리에 가는 게 말처럼 쉬운 일이 아니었다. 농촌길이란 대체로 흙길이기 마련인데, 비가 많이 오다 보니 곳곳이 물구덩이에다 진흙탕이었다. 김정은 국무위원장이 운전하는 차도 온통 흙탕물을 뒤집어쓰며 힘겹게 나아갔다. 그런데 이게 웬일인가. 약해진 논둑길이 그만 무너져 내렸고 김정은 국무위원장의 차가 논으로 미끄러져 들어갔다. 그야말로 아찔한 비상사태였다. 놀란 대청리 주민들이 달려가 김정은 국무위원장의 차를 꺼내주었다. 김정은 국무위원장은 몇 번이나 고맙다고 감사 인사를 했다고 한다.

　"오늘 차가 진창에 빠지다 보니 인민들을 도와주러 왔다가 오히려 신세를 지고 갑니다."

이윽고 차가 출발하려 하자 대청리 농민들은 김정은 국무위원장을 만류했다.

"길이 험해서 가시지 못합니다!"

그러나 김정은 국무위원장은 그 청을 받아들이지 않았다고 한다.

"이번에 일부 지역들에서 큰물 피해를 받았다는 보고를 받은 때부터 피해 지역 인민들에 대한 걱정뿐입니다."

이렇게 말하며 끝내 대청리를 직접 돌아보았다.

수해 현장을 찾은 김정은 국무위원장은 우선 수재민이 머물 곳을 마련해 주었다고 한다. 김정은 국무위원장은 조선노동당 군당위원회 청사를 비워 수재민이 머물 수 있도록 하고 군당 일꾼들은 천막에서 일하게 했다. 우리로 치면 수재민이 시·군청에서 지내고 시·군청 직원들은 야외 천막에서 일하게 한 것이다.

김정은 국무위원장은 주민들이 청사에서 지내기 불편하지

않게 새 이부자리와 TV, 선풍기 등 갖가지 살림 도구를 갖추어 보내주었다. 그리고 국무위원장의 예비 양곡과 시멘트 등 전략 예비물자를 풀어 수재민에게 지급했다.

우리는 흔히 수재민이라고 하면 체육관에서 단체로 생활하며 미래에 대해 불안해 하는 모습을 연상한다. 그러나 김정은 국무위원장은 수재민이 부족한 것 없이 다 갖춰진 곳에서 생활하게 하여 그들의 불안하고 막막한 마음을 달래려 한 듯하다. 대청리 수재민들은 자신이 수재민이 아니라 휴가를 온 것만 같다며 감격했다고 한다.

김정은 국무위원장은 해당 지역 수해 복구를 지시했다. 그런데 지시 내용을 보면 '복구'가 아니라 '신도시 건설'이나 다름없다. 수해를 입은 집 말고도 멀쩡한 집까지 다 허물고 모두 새로 지으라고 지시했기 때문이다.

"원래는 어제 피해 지역의 살림집 800세대 가운데서 400~500세대만 새로 짓고 나머지는 보수하는 방안도 제기되

었지만 지을 바에는 화가 복이 되게, 다른 리들에서 부러워하게 800세대를 다 새로 지으라고 하였습니다. 내가 800세대를 다 지으라고 한 것은 성성한 집들도 다 허물고 새로 지으라는 것입니다."

김정은 국무위원장의 지시를 들은 건설자들은 단 2개월 만에 대청리에 주택 820채를 건설했다.

김정은 국무위원장은 농장원들이 어떤 집을 바라는지 직접 듣고 그대로 지어주라고도 했다. 훗날 김정은 국무위원장은 농장원들이 바라는 대로 집을 지어주길 정말 잘했다고 만족해했다.

"농장원들의 요구에 맞고 농장원들이 좋다고 해야 많은 품을 들여 새로 건설한 보람도 큽니다."

김정은 국무위원장이 찾은 수해지는 대청리만이 아니다. 2020년 함경남도 산간마을인 검덕지구도 수해를 입었다. 수해 피해가 너무 커서 검덕지구를 오가는 도로와 철길이 끊어

졌다. 기차가 다니는 철다리는 기둥 두 개가 무너져 버렸다. 검덕지구 주민들은 급한 대로 나무를 우물 정(井)자 모양으로 쌓아 철다리를 임시로 받쳐놓았다. 나무로 받쳐놓은 철다리가 안전하진 않을 것이다. 하지만 교통이 끊긴 터라 검덕 주민들은 그 다리를 오가며 물건을 날라야 하는 상황이었다. 다리가 조금씩 내려앉는 바람에 한 번 오갈 때마다 보강해야 했다.

그런데 검덕지구 주민들이 깜짝 놀랄 일이 일어났다. 김정은 국무위원장이 열차를 타고 그 가라앉는 철다리를 건너 검덕지구에 온 것이다. 이 다리로 여객열차가 이동해도 괜찮을지 시험도 채 하지 못한 때였다.

"위험천만한 철다리를 넘어 우리들을 찾아오실 줄 몰랐습니다."

김정은 국무위원장의 소식을 들은 검덕의 한 광부는 이렇게 말하며 흐느껴 울었다고 한다. 리일환 노동당 중앙위 부위

원장은 그때 일을 이렇게 회고했다.

"피해 지역 인민들이 평양의 하늘을 바라보며 나를 기다린다고, 집을 잃고 한지에 나앉은 인민들이 이 비바람 속에서 자신을 기다린다고 하시며 언제 산사태가 무너져내릴지 모르고 물먹은 철길 노반들이 어느 시각에 주저앉을지 모르는 그 험한 길을 우리 원수님(김정은 국무위원장) 헤쳐가신 줄 우리 과연 알고 있었습니까."

"실제 와보니 검덕지구의 피해가 생각보다 대단히 컸습니다."

김정은 국무위원장이 수해 복구를 지시했고 그해 11월 북한은 검덕지구에 2,300세대의 집을 새로 지었다. 그런데 이게 끝이 아니었다. 김정은 국무위원장은 검덕지구에 너무 오래된 집들이 있는 것을 보았다.

"재해로 무너진 집들만 새로 지어줄 생각을 했지 너무나 기막힌 환경과 살림집에서 고생하는 인민의 실상을 제대로 알

지 못했고 저런 집도 다 헐어버리고 새로 지어주지 못하는 것이 속에서 내려가지 않습니다."

김정은 국무위원장은 검덕지구를 아예 국가적인 본보기 산간도시, 광산도시로 훌륭히 전변시켜야겠다고 결심한 것으로 보인다. 북한은 2021년부터 5년에 걸쳐 검덕지구와 대흥, 룡양 등 광업 지구에 2만 5,000세대의 살림집을 새로 짓기로 했다.

수해를 맞으면 오히려 새집을 얻게 되니 화가 복이 되는 상황이라고 할 수 있을지도 모르겠다. 사람들이 수재민을 부러워할 지경이었다. 그러다 보니 웃지 못할 일이 일어나기도 했다.

2015년 라선시에서 수해가 났을 때다. 김정은 국무위원장은 살던 집보다 더 멋있고 훌륭한 집을 지어주어 라선시를 무릉도원으로 만들어주자고 이야기했다. 그러자 한 주민이 새집을 받고 싶은 나머지 충분히 쓸 수 있는 집을 스스로 허물어버리는 사건이 일어났다. 우리 식으로 말하자면 보험사기, 지원금을 노리고 가짜 피해자 행세를 했다고 빗댈 수 있을 것

같다. 보상은커녕 처벌받을 만한 일이다.

김정은 국무위원장은 라선시를 현지지도 하는 중에 이 사실을 알게 되었다. 김정은 국무위원장이 뭐라고 했을까? 그런 부정적인 현상이 일어나면 안 된다고 엄하게 질책했을까? 그렇지 않았다. 강하게 비판하려고 한다는 간부의 보고를 주의 깊게 듣던 김정은 국무위원장은 결정을 내렸다.

"피해 지역의 일부 주민들이 당에서 새집을 지어준다는 것을 알고 보수하면 쓸 수 있는 집을 제 손으로 헐어버린 문제가 제기되었는데 그것을 문제시하지 말아야 합니다."

김성은 국무위원장은 그 사람의 집도 새로 지어주라고 이야기했다. 그 이야기를 들은 간부들과 주민들은 놀랐다. 김정은 국무위원장은 왜 이렇게 생각한 것일까?

"당에 대한 믿음이 없으면 아마 그렇게 하지 못하였을 것입니다. 당에 대한 인민들의 그 믿음이 우리에게는 제일 소중합니다. 재부 중에서도 제일 귀중한 재부가 인민들의 믿음입

니다. 우리는 인민들의 믿음이면 더 바랄 것이 없다는 관점을 가지고 멸사복무의 정신으로 인민들의 그 믿음에 보답하여야 합니다."

당을 얼마나 믿으면 제 손으로 집을 허물 생각을 했겠냐며 그 믿음을 지켜줘야 한다는 것이다.

그래서였을까? 라선시에서는 또 다른 일화가 생겨났다.

라선시에서 수해로 행방불명자가 발생했는데, 주민들이 행방불명자를 아무리 찾아봐도 찾을 수가 없었다. 동해 해안도시다 보니 아무래도 바다로 떠내려간 것 같았다. 가족을 잃은 주민들은 시신조차 찾지 못하고 슬퍼하고 있었다.

이때 김정은 국무위원장이 현지지도를 하면서 사망자의 장례는 다 치렀냐는 것까지 세세히 물어보다가 행방불명자에 대해서 알게 되었다고 한다. 김정은 국무위원장은 바다 밑을 다 뒤져서라도 행방불명자들을 한 명도 빠짐없이 찾자며 대책을 세운 것으로 보인다. 조정호 라선시 인민위원장은 당시

상황을 이렇게 회상했다.

"혈육을 잃은 가족들도 자연재해는 피할 수 없는 것이라고 하면서 바다로 떠내려간 그들을 더는 찾을 수 없다고 (수색하려는) 저희들을 만류하였습니다."

"하지만 우리 원수님(김정은 국무위원장)께서는 바다 밑을 다 뒤져서라도 기어이 행불자들을 한 명도 빠짐없이 찾도록 수산사업소의 잠수부들은 물론이고 전투 임무 수행 중에 있는 인민군 해병들까지 동원시켜 주시었습니다."

북한은 행방불명자를 끝끝내 모두 찾아 가족들 품에 안겨주었다고 한다. 김정은 국무위원장은 찾아낸 행방불명자들의 장례식을 잘해주자고 간곡히 당부했다고 한다.

김정은 국무위원장은 수재민을 돕고 수해 복구를 하는 것을 '인민사수전'이라고 불렀다.

"우리 당에 있어서 인민의 아픔보다 더 큰 비상사태는 없으며 인민의 불행을 가셔주는 것보다 더 중차대한 혁명사업은

없습니다."

이렇게 말하며 김정은 국무위원장은 "내가 사랑하는 인민"들이 한지에 나앉았는데 겨울이 오기 전에 살림집을 지어주자고 호소했다고 한다.

김정은 국무위원장이 보여준 사랑이 북한 사회에 영향을 주는 걸까?

2020년 9월 5일, 함경남북도 수해 현장을 돌아본 김정은 국무위원장은 그 자리에서 평양시 노동당원들에게 수해 복구를 도와달라는 서한을 써 보냈다.

우리의 수도당원 동지들이 들고일어나 재해를 당한 함경남북도의 피해복구 전구로 용약 달려 나갈 것을 부탁합니다. 10월 10일이 눈앞에 박두하였는데 형편이 곤란하고 시간이 촉박하다고 하여 새로 피해를 입은 함경남북도의 수많은 인민들이 한지에서 명절을 쇠게 할

수는 없습니다. 당의 걱정과 보살핌의 손길로, 수도 평양의 따뜻한 정으로 피해 지역 인민들을 극진히 위로하고 한시바삐 재난을 털어버리도록 정성 다해 지원하고 투쟁할 것을 당 중앙은 수도당원 동지들에게 호소합니다.

이 편지가 발표된 바로 그날에만 평양시 노동당원 30만 명이 자원했다. 최종적으로 1만 2천 명으로 수도당원사단이 꾸려져 수해 복구 현장으로 갔다.

시간이 흘러 김정은 국무위원장이 서한에서 말한 '명절'인 10월 10일 조선노동당 창건 75돌이 되었다. 수해 복구도 잘 진행되어 수해의 아픔이 가셔가고 있었다. 2020년은 수해뿐만 아니라 코로나19 방역조치로 인해 고난이 겹친 해였다. 이러던 때에 '명절'을 맞게 된 것이었다.

김정은 국무위원장은 이렇게 자신의 마음을 전했다.

"위대한 영광의 밤을 맞이했습니다. 왜서인지 유례없이 간

고했던 이 해에 맞는 당 창건절은 이 영광의 밤이 드디어 왔다는 사실만으로도 너무도 감격스럽습니다."

그런데 이 자리에 오지 못한 사람들이 있었다. 바로 수도당원사단에 지원한 평양시 노동당원들이었다. 수도당원사단이 일을 다 하지 못해서가 아니었다. 수도당원사단은 자기가 맡은 지역의 수해 복구를 일찌감치 끝내놓았다. 그런데 이들이 집으로 돌아오지 않고 다른 지역의 수해 복구를 도우러 자원해서 간 것이다.

김정은 국무위원장은 수도당원사단을 '애국자들, 우리의 핵심, 나의 가장 믿음직한 전투원'이라고 부르며 감사 인사를 보냈다.

"자기들이 맡은 피해복구 건설 임무를 완수하고도 사랑하는 집이 있는 평양행을 택하지 않고 스스로들 또 다른 피해복구지역으로 발걸음들을 옮긴 애국자들, 마땅히 이 자리에 있어야 할 우리의 핵심들, 나의 가장 믿음직한 수도당원사단 전

투원들에게도 전투적 고무와 감사의 인사를 보냅니다."

　김정은 국무위원장은 열병식 연설을 준비하면서 무슨 말을 해야 할까 고민했을 것이다. 그리고 심사숙고해서 고르고 고른 말은 바로 "고맙습니다"였다. 무엇이 고마웠을까?

　"무엇보다 먼저 오늘 이렇게 모두가, 우리 인민 모두가 무병 무탈해주셔서 정말 고맙습니다. 이 말씀은 꼭 드리고 싶었습니다."

　보도 영상을 보면 광장에 모인 북한 국민들은 김정은 국무위원장의 말을 들으며 눈물을 흘리고 있었다. 수재민들이 나를 기다린다고, 진흙탕 길에 빠지고 무너지는 철다리를 건너 수해현장을 찾아 복구를 지휘하던 모습을 기억하는 북한 국민이 김정은 국무위원장의 감사 인사를 들으며 흘린 눈물에는 무엇이 담겨져 있을까?

자료 출처

「[노동신문] 수재민들은 군당청사에서, 일군들은 천막에서」, 21세기민족일보, 2020.8.23.

「신문에 소개된 김정은 현지지도 '비하인드'…"차 논에 빠지기도"」, 머니투데이, 2020.10.19.

「'주체' 공화국의 지도자」, 민플러스, 2020.9.16.

「[노동신문] 가장 경사스럽고 의의있게」, 21세기민족일보, 2022.1.22.

「"수재민은 청사, 일꾼은 천막에서"…北 '인민제일주의' 선전」, 머니투데이, 2020.8.23.

「[노동신문] 수재민들은 군당청사에서, 일군들은 천막에서」, 21세기민족일보, 2020.8.23.

「은파군에만 '1동 1세대' 건설 지시한 김정은, 그 속뜻은?」, 동아일보, 2020.9.17.

「[노동신문] 정론〈인민의 목소리? 우리 원수님!〉」, 21세기민족일보, 2020.11.18.

「[노동신문] 금수산태양궁전광장 궐기대회 진행」, 21세기민족일보, 2020.9.9.

「김정은, 검덕지구 태풍복구현장 시찰…낙후한 주거환경에 "자책"(종합2보)」, 연합뉴스, 2020.10.14.

「[노동신문] 일군의 실력이 단위발전을 결정한다」, 21세기민족일보, 2020.5.13.

「[노동신문] 주체의 사회주의헌법」, 21세기민족일보, 2020.12.27.

「북 〈숭고한 인민관을 새기며〉」, 21세기민족일보, 2019.5.21.

「북 〈함북도 북부피해복구전선, 전화위복의 기적 창조〉」, 21세기민족일보, 2016.10.8.

「[전문] 北 김정은 공개서한…"태풍피해 복구 최정예사단 조직"」, 아주경제, 2020.9.6.

「[전문] 김정은이 눈물로 읽어내려간 열병식 연설문」, 동아일보, 2020.10.11.

김정은 국무위원장과 사랑

지은이	문경환, 박명훈
디자인	박대윤
펴낸날	2023년 10월 23일
펴낸곳	도서출판 민족재단
펴낸이	문경환
주소	경기도 가평군 가평읍 태봉두밀로 548-13
신고	2019년 5월 23일 제019-000004호
ISBN	979-11-967210-7-7 (03340)
가격	12,000원